特別支援（心理）第二研究室

郷右近 歩

ナカニシヤ出版

「そういうふうに心を働かせるのは、人によっては病的と言うかもしれませんな」

G.K.チェスタトン著　ブラウン神父の秘密

目次

はじめに

特別支援（心理）第二研究室というのは部屋の名前です。この部屋では、障害のある子どもたちの心理について研究を行っています。事例研究という、一人ひとりの子どもたち（そのご家族の方々）とかかわり続ける方法で研究を進めています。長い時間をかけてかかわるので、他の研究方法と比較すると、効率が良くありません。計画性もありません。一人の子どもについて何かが分かったとして、他の子どもたちにも同じことが言えるわけではありません。

文献研究、実験研究、調査研究など、いろいろな方法がある中で、事例研究という、効率が悪く地味な方法を好んで続けています。かかわる子どもによって、その都度、研究のテーマ（障害のカテゴリーやアプローチの方法）をがらりと変えるので、○○研究○十年、といった老舗の研究室の方々からは、研究テーマがころころ変わる、いい加減な研究室と思われているかもしれません。

その部屋の中で、教員が学生に向かって話している、少々あやしい小噺を集めたのが本書です。心理という言葉を用いれば科学の範疇でおさまるかと思ったのですが、所々、敢えて「こころ」という言葉を用いております。科学的か、客観的か、そう問われると、自信は全くないのですが、もし、ご教示ご叱正を賜ることが出来れば、嬉しく存じます。

同類

意味をとらえるか、音をとらえるか、本来は自由だ。音声言語とは、意味である前に、音である。意味をとらえていないと、大抵の人は私をなじる。意味を理解した上で、私は同じ音を返す。言葉の意味を理解していることと、意味のやりとりに応じることとは別問題だ。音のやりとりでも、意思の疎通ができる人が、たまにいる。そういう人は、会っただけですぐに同類だと分かる。

相手の存在をお互いにとらえつつ、性急な介入は慎んでいる。私をなじるような人たちは、この状態を維持できない。話しかけようとしたり、働きかけようとしたり、私の注意をとらえようと、あるいは避けようと、無駄に動く。お互いに、そこにいる、それだけの状態に我慢できない人たち。ムズムズと動き出すそぶりを一切見せず、そこにいる。ずっとそうしていてほしいとは言わない。五秒か一〇秒で見極められるのだから。

この人は大丈夫、と思えば自分から近づく。その時も、決して相手の注意を喚起しようと近づくのではない。そばにいたかったり、触りたかったり、それだけのために近づく。このとき、近づく私に動揺して妙な緊張を示すのは同類ではない。めったにないが、勘違いであれば、すいっと間合いを外すだけのことである。そばにいても、触っても、落ち着いたままそこにいてくれる相手、それが同類の証だ。

たまに、ネコ好きの人間などが、スキルを応用してくることがある。ただし、この人たちは仲良くなりたいという下心があるので、同類ではない。アプローチの仕方としては間違っていないのだが、何度か近づくと、私は興味を失ってしまう。単に、近づきやすいから立ち寄っただけで、それ以上の意味はない。そういう人に限って「私はこの人たちに好かれている」と言いふらす。

まずは同類であるかどうかを確かめているのだ。同類であれば、好きか嫌いか、それ以上の下心はないと安心できる。嫌いと思った時点で相手が間合いを外すのだから、何の問題も起こらない。スキルだけの、誰でも接近を許すような相手は、優秀な専門家といわれる輩の中にも存在するが、あまり信用ができない。よく見ていると、好みではない相手の接近も許しているので、見分けがつく。

同類と見極めれば、接近を試みる。近づいてくるのを平然としていれば、それは同意したということで、回避や拒否の行動を示すのは嫌いということだ。それ以上近づくのは危険な行為だし、接近を試みた方に問題がある。嫌がる相手に一方的なアプローチをせずにはいられない、あの同類ではない人々と同じ病だ。かみつかれても、ひっかかれても、それが可能な距離まで間合いを詰めた、そいつに全ての責がある。

ところが、多くの人々が、一方的に間合いを詰めてくる。べたっと隣に座り、抱きかかえたり、手をつかんだり、こちらの自由度を狭めようとする。離れようとすると、追いかけてきたり、連れ戻そうとしたり、煩わしい。逃れようとすればするほど、追いかけてこられないように、素早く動き、危険な目にもあいかねないが、「そういう傾向がある」「危ないことが好き」と勝手な解説をされる。

勝手な解説には、至極迷惑している。私たちは「人が嫌い」と誤解されることがある。人が嫌いなのではない。無神経に近づいてきた、あなた（だけ）が嫌いなのだ。そこから逃げた、叫んだ、もがいた、噛みついた。もしも、あなたがどこかの大先生だった場合、「この子たちは人が嫌いなのです」「この子たちは過敏性があり触れられるのが嫌なのです」などと言ったり書いたりする。そして、それを信じる人が増える。

自分よりはるかに大きい、知らないおじさんや、知らないおばさんが、あなたに近づいてきた時に、あなたはどうするのだろう。怖くないのだろうか。この人は好きではない、この人のにおいは不快だと思っても、ニコニコしているのだろうか。大人同士でそんなことをしたら、（少なくとも日本では）大変なことになると、考えれば分かると思う。知らないおじさんや、知らないおばさんの接近は、誰だって断ってよいのだ。

問題は、無神経な人たちの方が多数派を握っていて、私たちの多くは、不快であると音声言語による意思表明をしないことにある。逃げたり、叫んだり、噛みついた場合、無神経に近づいてきた人たちは、そのことを棚に上げ、ばつの悪さを隠すため、自分勝手な解説を行う。言葉の意味に重きを置くあの人たちは、「嫌だ」という私たちのシンプルな行動の意味を、これでもか、これでもかと曲解する。私たちは説明が苦手だ。

におい

敏感というのは、過ぎると、苦痛も大きい。例えば、大きな物音が苦手な人がいるのに、その家族が平気で大きな物音を立てる場合。すごく嫌がっているのに、物音を立てた家族の方はその深刻さを理解していない。何故なら、自分は平気だからだ。自分が平気であることを、相手は嫌がっている場合、平気である側は驚くほど無神経。平気である側が多数派の場合は深刻だ。

過敏というのは少数派である。過敏の側から見れば、多くの人々は鈍い人々となる。鈍いということは、強い。様々な刺激に対して、耐性があるのだ。過敏を有する人々の耐性はガラス細工のように脆い。ちょっとした刺激が命取りとなるので、極力、避けようとして、日々、びくびくしながら過ごしている。

たとえば、学校の先生という職業。子どものちょっとした変化に気づくことができる、繊細な先生にもいてほしい。ところが、現場の先生方の中には、驚くほど鈍い方がいる。一方で、繊細な先生方は、若手の時期に殆ど淘汰されている。そのため、驚くほど鈍い、すなわち強い、怪獣のような方々が多い（ような気がする）。強い先生ほど、ちょっとした子どもの変化に反応できない。歴戦の猛者のセンサーは、怪獣の角質なみに硬くなっている。そうでもないと、職員室の人間関係や保護者対応など、過度なストレスから自分を守ることができない。

ちょっとした刺激に、そのつど、研ぎ澄まされた反応を示すということは、日常生活を送る上でのデメリットとなる。過敏とは、そのような障害だ。超能力でも何でもない。鋭ければ鋭いほど、それは、弱さや細さを表している。二十四時間三百六十五日、常に過敏の状態で正気を保つためには、ハードな訓練が必要だ。鈍い人々がゾンビのようにはびこる世界で、その存在がばれないようにふるまいながら「自分はゾンビではない」と意識し続けなくてはならない。

嗅覚が鋭いんだったら、そのことを活かして、臭気判定とかやってみたら、などと言われることがある。過敏ということは、臭気を検知した場合のダメージが、ゾンビの皆様と違って、致命傷となる。仕事でなければ避けて通れるものに、仕事である以上は向かって行くこととなる。学校の先生方の中にも、尋常ではない覚悟で、子どものちょっとした変化に心を配り続ける、数少ないサバイバーがいる。そういう先生と出会うと、ちょっと嬉しくなる。

職業上の研ぎ澄まされた能力を日常生活には持ち込まないという切り替えができている場合、障害としての過敏とは異なる。過敏でも生存していられる人々は、日々、ハードな訓練を積みながら独自の対処方法を編み出してきた人たちだ。ものごころがつく前から生存のリスクにさらされてきたはずであり、後天的な「職業上の研ぎ澄まされた能力」とは異なる。磨き上げた能力ではなく、初めから負っている重荷、それが過敏の特徴である。

嗅覚は、視覚や聴覚と異なり、刺激からの防御が難しい。授業参観で、妙齢のお姉さま方が三〇人以上同じ空間にいるということは、おばさんゾンビが三〇人以上襲い掛かってきたのと同義となるのが嗅覚過敏の苦しさだ。（もちろん、普段以上におめかしをしている先生とクラスメートの人数も加算される。）化粧、香水、防虫剤、体臭など、様々な武器を駆使した集団が、何の自覚もなく、たった一人の子どもに集中波状攻撃。どうやって生き延びてきたのか、不思議に思いませんか？

そしてもう一つ。視覚刺激や聴覚刺激は記録ができるのだが、においを記録することは難しい。防御が難しく、捕まえることも困難。こんな敵と毎日戦い続ける。目を閉じても、耳栓をしても、においからは逃れることができない。必然的に、眠り方（脳の休ませ方）は一般の方々とは異なるようだが、その方法を誰かが教えてくれるわけではない。戦術も、戦略も、自分で開発するしかないのだ。当然ながら、普通とは異なることをしているため、周りの人たちには理解不能である。

ゾンビになれば、ゾンビは襲ってこないから、ゾンビになりたい。外科的な手段や薬物などで閾値を調整しようとする御同輩。その調整に手を貸して下さるのもゾンビの方々ですので、とんちんかんな戦いは続きますぞ。「視覚刺激が苦しいんですね、はいはい、瞼を縫い合わせておきました、これで大丈夫」などという、しゃれにもならない対応を嗅覚に対して行われた場合、あなたは納得できますか。そういう対応、過敏以外の障害でも、けっこう行われてますけどね……。

ハーメルンの笛吹き

学生の頃、とある施設に見学に伺った。施設見学の際は、失礼のない服装でと指導を受ける。たいてい、男性はワイシャツ・ネクタイ・スラックス・革靴といった格好で、女性はブラウス・スカート・ストッキング・ローファーといった格好。そんな白黒の人々が、ザッザッザッと、無言の行列で移動する。異様な光景ではあるが、利用者の子どもたちはそういった見学者の集団に慣れている。特に関心を示すこともなく擦れ違う、はずだったのだが……。

一人の男の子が、私の手前で立ち止まり、移動中の子どもたちの列からすっと離れた。白黒の皆さんは、子どもたちが通り過ぎるまでその場で待機。その止まった行列の中（私の隣）に紛れ込んだ。そして、私の手首を取り、自分のお腹にあて、その手を両手で包み込んだ。もちろん、男の子とは初対面だ。施設の職員さんは、私から男の子を何とか引き離そうとするが、見学者たちの手前、強硬手段をとることができない。

こんな時は、男の子と一緒に子どもたちの列に追いつけば何の問題もない。ところが、見学者という立場もあり、学生たちが向かうべき進路と真逆に進むことは難しい。行列のしんがりだった職員さんが足止めをされていることで、先を行く子どもたちの行列が次第に崩れ始める。見かねて、学生引率の職員さんに断り、集団見学コースから一人離れた。男の子は、何事もなかったかのように、手をつないで進む。しんがりの職員さんは、慌てて先を行く子どもたちを追いかける。

よく「ハーメルンの笛吹き男」という昔話を思い浮かべる。あまり言葉を話さない子どもたちが自ら近づいて来る。幼稚園や児童館に行って、しばらくうろうろしていると、そのタイプの子どもが私の目の前にいる。巡回相談（大学教員が教育現場を訪れ指導助言を行う）などで伺うと、「今日の相談（事例）は先生の前の子どもたちです」ということになる。どうしたんだろう、普段は呼んでも無視されるし、一か所に集まるなんてこともないのにと、先生は子どもたちを見て首を傾げている。

このタイプは、男の子が多い。ただし、女の子が同様の傾向を示すこともある。お父さんや、おじいさんや、親戚のおじさんが抱っこをしようとすると、泣き叫ぶ子どもたち。その子が、見知らぬ男性（つまり、私）と、ごろごろ転がりながら遊んでいる。あるお母さんは、その光景を見て「うちの子が色気づいた」と言った。お母さん、違うと思います、そういうことではないんです。

小学校や特別支援学校に伺うと、膝の上に座りにくる子、ほっぺや耳たぶを触りにくる子、匂いを嗅ぎにくる子、などがいる。メガネなども触ろうとするので、先生方が（大学の先生に何てことを、と）慌てるが、「あー、いいです、そのまま、ほっといてください」とお願いする。他の人に止められると、かえって危ない。メガネを壊されたり、強くしがみついたり、物損や怪我の元となる。危害を加えたくて近づいてきたわけではないので、そっとしておいてほしい。

大した意味はないのだ。無理やり近づいてこない。視線を合わせようとするわけでもない。不用意に声や言葉を発しない。意味を持たせたような表情を向けない。一方的には触ろうとしない。そのような態度が身についていれば、子どもたちの方から近づいて来る。お父さんや、おじいさん、親戚のおじさんたちは、我慢ができないのだ。近づきながら、視線を合わせ、名前を呼びながら、笑顔で、抱っこをしようという態度は、フルコースのアウトです。

お前の態度は人間らしくない、そう言われれば、そうかもしれませんが。相手が嫌がりそうなことを慎むというのは、人間として、大事なことだと思うのです。それを我慢できないおじさんたちが、一方的に接近してきて、泣き叫んだり、噛みついたり、飛び出したり、逃げ出したり、お母さんの陰に隠れた子どもを見て、「この子はおかしいんじゃないか」って、ばつの悪さをごまかす。

発達障害の一症状として説明されることもありますが、それは、その子の問題という帰属にして安心したい、悲しいおじさんたちとの関係性の問題ではないでしょうか。

理解

一人の男の子と遊んでいた。同じ部屋には、何人かの子どもたちが遊んでいる。そこに、赤ちゃんを連れたお母さんが入室。男の子は、笑みを浮かべながら赤ちゃんに向かって走る。私は、血相を変えてその男の子を追う。何故か。男の子は、赤ちゃんを部屋から追い出そうと、突き飛ばしに向かったからだ。赤ちゃんのお母さんは、小さな男の子がニコニコ駆け寄ってきたことに対して、まったくの無防備。まさか、赤ちゃんを容赦なく突き飛ばされるとは予想もしていない。

同じタイプの人々の中には、赤ちゃんの泣き声がどうしても我慢できないという方がいる。この男の子も、赤ちゃんの泣き声が苦手だ。そして、赤ちゃんイコール泣き声という図式が彼の中で成立してしまっていた。赤ちゃんを見ると、泣き声を発する前に、その場から追い出そうとするのだ。彼自身に悪気はないのだが、赤ちゃんを突き飛ばされたお母さんは、当たり前のことだが、烈火のごとく怒る。小さな男の子の身になにが起きるか、想像に難くない。

別の例。ある幼稚園で、一人の男の子について相談を受けた。男の子は、いつも、水道の蛇口をひねって、水の流れを見ている。一時間でも、二時間でも、水の流れを見ている。先生が水を止めようとすると、激怒する。大きな声を上げ、先生の手をあらん限りの力で痛めつけ、それでも水を止めようとすると力の限り噛みつく。先生の手はあざが絶えない。男の子に根負けして、水を流すのを認めつつあるが、どうしたらいいですか、という相談。

幼稚園にはよくある、大きめのたらいと子ども用のじょうろをお借りする。水の流れを見ている男の子の隣に、水を張ったたらいを置く。水の中にじょうろを沈め、水を汲んだら、たらいに向かって水を流す。じょうろからの水の流れと、たらいに落ちる雫と波紋。水道の水を見ていた男の子が、ふと、たらいの方に視線を向ける。意識せず、しばらく勝手に続けていると、男の子は私の隣に陣取っている。（あくまでも「勝手に」続けていないと意味がない。）頃合いを見て、私はじょうろを男の子に手渡す。男の子はじょうろで水を汲み、流し始める。そして、私は水道の蛇口を止める。

赤ちゃんを突き飛ばす男の子は、普段から有意語を話さない。知的障害があると診断されていて、小学校の特別支援学級に在籍している。先生は、言語による指示を殆ど行っていないとのこと。有意語を話さないのは、言葉を理解できていないから、という考えに基づいているらしい。

私は「ねぇねぇ」と言う。「あのね、赤ちゃんの泣き声が嫌いなんでしょ」と声をかける。男の子はニコニコしたまま、特に反応はしない。「さっきの赤ちゃん、部屋に入ってきた時は、泣いてなかったよね」と確認する。男の子はニコニコしたまま、特に反応はしない。「突き飛ばしたら、赤ちゃんが泣いてしまうと思うんだけど、どうかな」と質問する。男の子はニコニコしたまま、特に反応はしない。ところが、それ以降、泣いていない赤ちゃんは突き飛ばさなくなった。（泣いている赤ちゃんに対しては相変わらずだったのだが……。）

赤ちゃんを突き飛ばすなんて信じられない、とか、水道の水を流しっぱなしにするなんて許せない、とか、お気持ちは分かります。ただし、子どもたちの側にも、理屈や言い分があります。その妥協点を丁寧に探るのが、特別支援教育というものだと思うのですが、いかがでしょう。赤ちゃんを突き飛ばした男の子を怒鳴り続けても、あざだらけになって水道の蛇口をひねり続けても、あまりいいことはなさそうなので。お前のやり方は、何の解決にもなってない、と言われれば、その通りですけど……。

ケースバイケース

特定の場面では話せないという人がいる。自宅や親しい人との間では自然に話すことができるのだが、学校の教室などでは話すことが難しい。学校の先生は、あの手この手で働きかけてくる。人形を使ったり、録音機材を使ったり、音楽を使ったり、視聴覚教材を使ったり、お面をかぶったり、着ぐるみを着たり、カーテンの陰に隠れたり。素人考えながら、あまりにも不自然な気がして、「自宅に伺って、お話ししてはだめなんですか？」と尋ねてみた。「それでは指導になりません！」という予想外の強い反発が返ってきた。

スモールステップ化という教育の考え方がある。高い目標に向かうために、課題を詳細に分析し、その子どもが自分の力で乗り越えることのできる水準を設定したり、誰かの協力があれば乗り越えることのできる水準を見極めたり、必要な道具の力を借りることで、急斜面に細かな段差を刻んでいく方法だ。私が提案した方法は、ヘリコプターで山頂まで子どもを連れて行き、「登頂成功」と言っているような、邪道な方法らしい。だけど、本当にそうだろうか？

子どもが安心できる環境で、学校の先生と自然にお話しができるようになり、「この人とは話してもよい関係だ」と信頼関係を築いてから、学校での働きかけを考えみてはどうだろう。じわりじわりとスモールステップの迷宮に追い込まれ、ようやく、子どもが苦しそうに絞り出した声を「これが教育の成果だ」と誇るのは、いかがなものだろう。ぎこちなく絞り出した声が、自宅での流暢な会話のように、自然な発声までたどり着くと、道筋が見えているようにはどうしても思えない。

そんなことを、教員対象の講習会で話してみた。袋叩きにあう覚悟で。面と向かって罵倒されることは無かったが、会が終わった後、しばらく経ってから、先生たちの本音が様々な形で伝わってきた。（そんなことをしたら、教室でやるべきことがなくなってしまう、とか。）講習会に参加した先生から話を聞いたという、講習会には出席していない一人の先生から、そのとき私が話したという内容について、お話を聞く機会があった。

どうやら私は「年間スケジュールに子どもを当てはめる」「既存の教材やメソッドに子どもを当てはめる」「過去の実践例をそのまま別の子どもに当てはめる（同じ診断名だという理由だけで）」「その前に、目の前の子どもを見ながら、どうすればよいのかじっくりと考えてほしい」「診断名や過去の先例にとらわれ、目の前の子どもを見ることが疎かになっていないか」と問題提起していたらしい。

本書にも書いてある、何人かの子どもたちとの出会いを、特に脈絡もなく話していたはずなのだが、聞いて下さった方は、ギュッと要約して、それらの出会いに共通するエッセンスをまとめて、筋道立てて別の先生に伝えて下さった。ありがたいと思いつつ、自分はそんなまとまった話はしていなかったので、私の考えというよりも、その先生が話を聞きながら自分で考えたことなのだろう。(「そんなこと言ったっけ」と、新鮮に聞こえました。)

これからも、私は、体験したことや、一人ひとりの子どもとの出会いしか、書くことが出来ないと思う。

こころのありよう

「ぼくはぼくだから、ぼくのままでいいんだ」と男の子が言った。小学校五年生だったと思う。これから服薬、というタイミングだった。男の子は、とにかく活発に動き回っていた。汗をかき、髪の毛はぺったりとして、頬は紅潮している。追いかけながら話を聞いた。薬を飲むと、落ち着いて座っていることは出来るようになるが、それは「ぼく」ではないと言う。動き回っているときは、先生の話はきちんと理解している。ところが、座っているときは、あまりきちんと把握ができないとのこと。

「どっちもなんて無理」と、男の子は動き回る。きちんと授業の内容を理解するためには、動き回っていたい。落ち着いて席についてほしいと言うのなら、授業の内容が上の空でも仕方がない。だけど、親や先生は、座って、授業をきちんと聞きなさいと言うんだ。どっちもなんて無理、というのが男の子の主張。その上で、動き回っているときの「ぼく」と、服薬後に座っている「ぼく」では、感覚が違うのだという。

若干、思い当たることがある。筆者は、集中して考え事をしている際、意図せず、いわゆる「びんぼうゆすり」をしている。ある日、それを止められて、ぷつんと思考が途切れた。相手は良かれと思って止めてくれたようだが、私にとっては考え事の邪魔。何てことをするんだ。せっかく集中していたのに。（周りに迷惑をかけていたことは分かります、申し訳ありません。）

集中するということは、必ずしもじっとしているということとは限らない。持続的な身体の動きというのは、集中を増す上で、一般的な成人にも重要な役割を果たしうる。ペンをくるくる回しながら考えたり、歩きながら考え事をするというのは、端的な例だ。そのまま人とぶつかると、「ぼーっとしていた」「注意が散漫だった」ということになるが、それは、外界の刺激に対する注意が希薄になるほど思考のプロセスに没頭していたということでもある。

教室を歩き回っていても、それは、授業の邪魔をしたいわけではなく、先生の話を聞いていないわけでもない。それでも、親や教員や医師といった大人たちからは服薬を勧められる。これからも、社会的に望ましい姿を求められる。動き回りながら、先生の話を一生懸命理解しようとしている、「ぼく」という「こころのありよう」はなかなか理解してもらえない。教室の中では、ぼんやりと席に座り続ける身体としての「ぼく」の方が、分かりやすい形で求められる。「ぼくはぼくだから、ぼくのままでいいんだ」と言った彼の甲高い声が、耳に痛い。

フランス人

山あいの小学校に来た。子どもたちはそわそわしていて、お客さんが来ること自体がめずらしい様子。はにかんでいる子どもたちを後目に、開口一番、「どっから来たん？　フランス人？」と声をかけてきた男の子がいた。今日の相談の対象はどうやらこの子だろう。「どっから来たん？」という質問はいいでしょう。「津から来たんだよ」と答えると、別の女の子が「行ったことある」と声をあげる。しかし、フランス人という発想は一体どこから来たのだろう。

どうやら、地元のおじさんたちやおばさんたちと、明らかに異質な雰囲気を「フランス人」と形容したみたい。木目調のプラスチックフレームの眼鏡、ウェーブのかかった男性にしては長めの髪、くたっとした生地の服。背広にネクタイ、整髪料べったりの、いかにもなお偉いさんは見たことあるけれど、貫禄もないのに、この人には先生たちがくっついて歩いている。変な人。それが彼の言うところの「フランス人」（つまり、筆者のこと）である。

他の子どもたちも「フランス人」ということで納得し始めた。おいおい、日本語で会話できてるよね、「津から来たんだよ」って。パリから来たとか、言ってないよね……。あっという間に「フランス人が来た」という噂が、小さな学校中に流れる。どれどれと見に来るが、「あれがフランス人か」と思う子どももいれば、「何か違うのでは……」と微妙な表情の子どももいる。それでも、呼び名はとりあえず決まった。フランス人。

フランス人は、命名してくれた男の子を遠巻きに眺める。一応、授業を見ているふりをしているが、もう仕事は済んでいる。異物を異物として放り込んだ時に、一般的な子どもたちがとった反応と、明らかに異なる歓迎をしてくれた男の子。彼が他の子どもたちとは「ちょっと違う」ということが、周りの先生方にも自明となったから。

その後も、男の子はわざわざ席を立ってフランス人にいろいろとお接待をしてくれるのだが、担任の先生も、随行の先生方も、その行動を「授業中の離席」「担任の指示に従わない」「授業に集中していない」とマイナス方向に評価する。とても優しい、いい子なんですけどね……。

脳の癖

自分の記憶の仕方は、他の人と同じだろうか。そのようなことを話し合う機会は、これまでの人生の中ではなかったかもしれない。私には、小さなころから少しだけ不思議に思っている、妙な記憶の癖がある。クラスなどの集団があると、その集団の中に、一組か二組、勝手にペアが設定されてしまうのだ。ペアの二人は、雰囲気などが似ているのかもしれないが、自分の意思では設定や解除や変更ができない。

ペアができて最も困るのは、氏名を混同してしまうことである。二人は全くの別人なので、名前を呼び間違えてしまうと、相手の気分を害する。ペアの設定はほぼ自動的に行われるので、この人と、この人を、ペアにしたくはないといくら念じても無駄なのだ。

さらに、集団の中で一組か二組しかペアはできないので、それ以外の人たちのことは間違わないということが、説明をさらに困難なものとする。自動的に設定されたペアにのみ、名前の混同という問題が生じて、顔の区別はついているという、さらにややこしい問題が潜んでいる。顔を見れば「こっちがあの人」という区別はついているのに、名前だけがシャッフルされやすい状態が固定化する。正解となる確率は、いつも二分の一くらい。

この癖は、些細なトラブルの元となるので意識化できた。そして、試しに周りの人たちに話してみると、そんなことはありえないと言われたので、みんなに同じような癖があるわけではないことが自覚できた。そうだとすると、さらにややこしいこととして、トラブルは生じないような、自分に固有の記憶の癖が他にもいくつかあるということに思い至った。ただし、それらは意識化ができるレベルの癖なので、意識できない癖はもっとあるような気がする。

記憶以外にも癖がある。知覚の癖も、意識し始めるとどうやら自分に固有のものがある。心理学で有名な「カクテルパーティー効果」という現象が、自分には起きにくいといったこともその一つ。聴力の問題ではないことは検査結果から明らかなので、指向性や情報処理の問題であると推測できる。

あの人と、あの人が、なんでペアなんだろうということは、考えても納得できる理由が思いつかないことが多い。勝手でオートマチックな情報処理という脳の癖は、一つ一つ意識すると、自分というわけの分からない存在に輪郭を与える手掛かりとなる。そして、妙な癖を持っているのは、おそらく私だけではないのだろう。

空に浮かぶ城

注意は、集中させることよりも、適度に分散させた状態を維持するということの方が生活を営む上では重要だ。車を運転しながら、音楽を流し、同乗者との会話に応じつつ、ちょっと肩や首を回しながら、他の車両や歩行者の確認を行うなどということを、多くの人が平然と行っている。「集中力がない」と言われる場合の集中とは、限られた対象に注意を重点的に向けることであって、それほど難しいことではない。何かに集中しながら、他にも注意を怠るなという困難なことを求められているからこそ、私たちは過ちを繰り返す。

青信号で道路を横断していた際、高齢ドライバーが運転する車両に轢かれた。後頭部を打ち、右脚は車両との間に挟まった。ドライバーはしきりに「見えなかった、見えなかった」と言うが、私は透明人間ではない。救急車で搬送され、高額な医療機器で頭部と脚を撮影した。それらの画像を見ながら、医師は「出血はありません、良かったですね」と診察を終えた。しかしながら、当然、打った頭部と挟まれた脚部からは血が流れている。

大量に滴っていたわけではないので、職業的見解として全く問題ない、見るまでもない、という御判断に合理性があったことは、もちろん理解しています。救急搬送で割り込んできた、生命の危機とは言い難い、見ず知らずの患者よりも、待合室の大切な患者さんたちのことを優先的に考えておられたのではないでしょうか。

でも、ねぇ……。視診、触診、問診って、画像診断よりも基本的で大切なことだと思うのです。頭を打った後の、主観的な感覚の異常は、尋ねてみないと出てきません。内面的なことを知ろうとすると、時間がかかり、手間もかかり、見返りは殆どないかもしれません。整地されたアスファルトの道路から外れ、草木の生い茂ったやぶの中に分け入っていくような、地道な作業は今どき流行らないのでしょう。

こころという、人間の内面に分け入る作業は、帰り道をきちんと確保しておくことなども含め、一筋縄ではいきません。内面を覗き込み、足を滑らせて、溺れかけながら言葉を紡ぐ作業を始めると、他者と自己の感覚が混ざり合い、もつれ合い、もとの一本の糸を手繰り直す作業が果てしなく続きます。

特別支援（心理）第二研究室

表札に「心理」と書いてある気安さや、筆者の妙な雰囲気によるものか、（十年以上前はともかく、最近は極力、普通に普通にと心掛けているのだが……）こころに何らかの偏りを抱えて、抱えきれなくなりそうな人が、部屋に迷い込んで来ることがある。

最近も、「同じことを病院の診察室で話せば、たぶん、診断名はつきますけど」「ここで雑談している分には、診断名がついた方がいいか、つかないままでもいいか、あなたが選べます」と伝えたことがある。どうやら、自分に選択権があるということに、実感が伴っていない様子だ。要は、誰かに判断してもらうか、自分で判断するか、そういう問題。

食べ物のことや、悩みのことや、その他にも色々あるとのことだが、一般的な不調から、他者の介入が必要な段階など、様々なグラデーションがある。現代では、診断名がつくと、結構な割合で症状を緩和するための薬が処方される。その薬には大抵副作用があり、「もう飲まなくてもいい（飲みたくない）」という判断を勝手に行うことは禁じられている。お客様を温かく見送る良心的な方がいるかもしれないけれど、なかなか手放そうとしない人もいる。

どこか、出っ張ったところを押し戻すと、他の部分に歪みが生じる。その歪みまで気にかけてくれるような方に出会えればよいのだが、出っ張ったところが平らになったかどうかということにしか関心のない人もいる。平らにならないという訴えに耳を貸さない人もいる。無理に平らにしようとはせず、出っ張りを含めた全体のバランスを整えようとする人もいるが、因果関係の説明が難しいので、医療とは異なるジャンルに分類されることもある。

「誰を信じたらいいんですか」って、そんなの私にもわからない。

おわりに

幼稚園や小学校に伺うと、子どもたちから、何かを手渡される。木の実だったり、葉っぱだったり、石ころだったり。差し出されたものが、抜け殻や骨、昆虫（死骸を含む）だった場合、あなたは、かなり気に入られた可能性が高い。それらは、その子にとっての宝物だから。折り紙や似顔絵、ちょっとしたお手紙など、雑多なモノがなかなか捨てられず、手元に溜まる。

もらっておいて、大変申し訳ないのだが、私に何かを差し出してくれた子どもたちは、大抵、先生たちにとっては「ちょっと気になる子ども」である。ある水準の子どもたちにだけ影響する触媒のような役割を求められる反面、仲間を裏切っているような罪悪感を抱くこともある。つまり、本書は贖罪なのだ。

どっぷりと中に浸かったり、外側から冷ややかに眺めたり、視点が一貫していないのは、優柔不断な自分のスタンスそのものである。「ちょっと分かるよ」と思う時もあるが、「そう簡単に分かった気になられても困る」と思う時もある。こころというのは、簡単に捉えられるものではない。学術として取り組むには、その危うさは承知の上で、抗い難かった。

最後に、本書を執筆する上で、考えるきっかけを与えていただいた多くの方々に感謝します。

【執筆者紹介】
郷右近　歩（ごうこん　あゆむ）
1977 年生まれ。
三重大学教育学部准教授。
主な著書
『特別支援教育におけるコーディネーターの役割』
（ナカニシヤ出版，2008）
『a boy with trisomy 18』（新潮社，2015）
『めずらしいひと』（ナカニシヤ出版，2016）

特別支援（心理）第二研究室

2017 年 9 月 20 日　初版第 1 刷発行　（定価はカヴァーに表示してあります）

著　者　郷右近歩
発行者　中西　良
発行所　株式会社ナカニシヤ出版
〒 606-8161 京都市左京区一乗寺木ノ本町 15 番地
Telephone　075-723-0111
Facsimile　075-723-0095
Website　http://www.nakanishiya.co.jp/
E-mail　iihon-ippai@nakanishiya.co.jp
郵便振替 01030-0-13128

印刷・製本＝ファインワークス

ISBN978-4-7795-1212-4